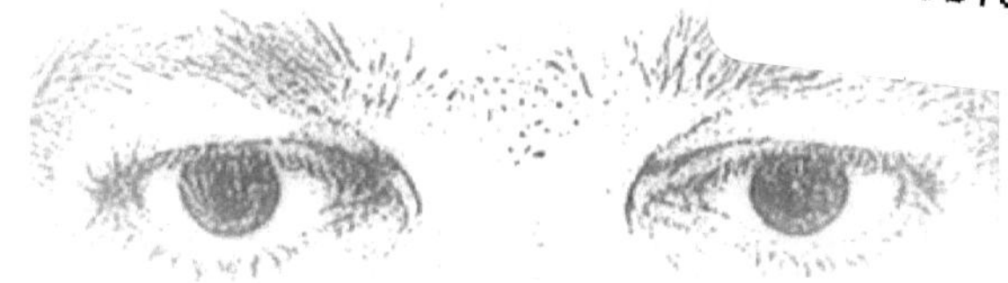

UM OLHAR DE BARNABÉ

PARA COM A GOVERNANÇA

Welles Matias de Abreu

2020

Abreu, Welles Matias de
       Um olhar de Barnabé para com a Governança
/ Welles Matias de Abreu. – Brasília, DF. 2020.
       46 p.

       1. Crônicas. 2. Governança. 3. Serviço
Público. 4. Estado. 5. Sociedade.

"O Homo sapiens domina o mundo porque é o único animal que pode acreditar em coisas que existem apenas em sua própria imaginação"

Yuval Noah Harari,

em "*Sapiens*: Uma breve história da humanidade (2014)"

SUMÁRIO

1. CONSIDERAÇÕES SOBRE O BARNABÉ

Em plena temporada das cachoeiras do Planalto Central em 2020, em quarentena na minha casa. Este é o novo normal em tempo de pandemia. Momento de reflexões sobre a vida. Então, eu, doravante chamado simplesmente de Barnabé – assim como são chamados os servidores públicos de um modo geral – passo os dias em frente ao computador, trabalhando e estudando. É nesse tédio que me veio à mente coisas que sempre pensei fazer, mas nunca tive tempo para a iniciativa.

Neste contexto, a decisão de escrever uma trilogia sobre contos foi uma dessas coisas reprimidas. Escrever sobre Governança veio à tona a partir da leitura do livro "*Sapiens*: Uma breve história da humanidade"[1], de 2014, onde o autor Yuval Harari ressalta a importância das histórias passadas entre as gerações para colaborar com a formação da humanidade. Venho sendo testemunha ocular de mudanças governamentais que promovem a institucionalização da Governança no setor público, entendi ser premente realizar tal registro histórico. Governança, neste contexto, se refere a teoria em administração pública que tem componentes relacionados com estratégia, controle e liderança e foco em ações cooperativas e democráticas.

A escolha pelo estilo de crônicas foi pelo propósito da tentativa de passar as minhas percepções sobre o tema sem a pretensão de ter a absoluta veracidade sobre os fatos, mas apenas uma leitura pessoal passível de falhas aqui, eu já me posiciono humildemente, como um eterno aprendiz. Sobre este ponto, é importante deixar claro que tais percepções são frutos de uma vivência, ou seja, não inicia apenas quando do meu ingresso no serviço público, mas sim desde o meu nascimento.

Em dezembro de 1975, a minha mãe teve as contrações para o meu parto em uma pequena, muito pequena, cidade de Minas Gerais com menos de quatro mil habitantes. Ao se deslocar com o meu pai para o hospital de uma cidade maior, o carro deles teve três incidentes, provindos por dois furos de pneus e um atolamento na estrada precária da região. Eram tempos difíceis, porém muito bem vividos. Os relatos de muito amor e de desafios podem ser indícios de onde veio uma vida cheia de felicidade e de aventuras.

Desde novo tive noção das diferenças sociais que o Brasil vive. Meus pais são um bom exemplo disso. A minha mãe vem de uma família tradicional, enquanto o meu pai do osso. O meu pai começou a trabalhar aos nove anos carregando areia e plantando abóboras, a minha mãe estudou no melhor internato da região. Ao passar férias na minha cidade natal, era até cômico como as pessoas me cumprimentavam, as mais humildes me chamavam de filho do Matião, enquanto os mais providos, de neto do Zé da Venda – em referência ao pai de minha mãe. Contrastes frutos das desigualdades, que me levaram à escolha por servir o meu país e realizar pesquisas científicas com vistas a ajudar, de alguma forma, reduzi-las.

Ainda no final da década de 1970, meu pai – na vontade de   buscar melhor condição para a família e cansado das intrigas políticas daquela pequena cidade – foi atrás de uma nova ocupação. O seu destino era incerto, mas a sua vontade, passar em um concurso público, aconteceu e viemos para a nova capital. Isso mudou completamente o nosso futuro. Em Brasília, tivemos acesso às boas condições de vida: saúde; educação; segurança; e às mais novas tecnologias.

A minha infância foi cheia de momentos agradáveis e de grande aprendizado em família. A minha mãe professora e dona de casa dedicada, ofereceu-me todo o carinho e ensinamento necessário. Muito embora, na mente dela, eu só queria brincar, viver na rua e estudar mesmo só na marra. Por outro lado, não me lembro de ter um desempenho pífio na escola, extraordinário também não. E desse período que tenho uma grande recordação, uma querida professora disse algo que me marca para o resto da minha vida: "filho, você irá trabalhar como funcionário público e contribuir com os governantes a tomarem as decisões mais adequadas para o nosso querido país".

Passados muitos anos, de medo e aflição de como isso poderia se tornar realidade, consegui aliviar o meu coração quando o meu professor, orientador de pesquisas *stricto sensu,* me afirmou que uma contribuição significativa não tem que ser grandiosa necessariamente. Que, na verdade, um conjunto de contribuições pequenas podem gerar um resultado muito maior do que apenas uma grande. Enfim, aí eu me descobri como um ser que poderia avançar no meu tempo, com as minhas limitações, sem deixar àquela frase da minha querida professora em vão.

Nascido em plena ditadura militar fui consumidor, na minha adolescência, de músicas de bandas brasilienses (com críticas à ditadura) durante o início da década de 1980. Cresci com um sentimento pró-democracia. E vivi a transição da ditadura para a democracia. Para mim, a ruptura aconteceu no dia em que a censura acabou. Desde então, noto que a democracia por si só tem o seu custo. Na consciência, tenho o senso que é melhor viver uma democracia com os seus exageros do que sem ela. São em seus freios e contrapesos que conseguimos o diálogo e o crescimento coletivo. É na cooperação que aproveitamos as sinergias dos nossos esforços e garantimos a nossa liberdade.

Graduei-me em Administração e Agronomia, respectivamente. Minha primeira formatura foi aos 21 anos. E, aos 22 passei no concurso público para trabalhar como servidor público na Secretaria de Orçamento Federal. Em seguida, terminei Agronomia, aos 23. Foi nessa época que começou a trilogia de contos, sobre a minha pessoa, Barnabé, e a implementação da Governança no meu país, sob o meu olhar. Espero que goste! As referidas histórias se seguem nos próximos três capítulos e refletem, principalmente, os períodos dos governos: Fernando Henrique Cardoso; Lula; e Dilma Rousseff. Eles, chefes de Estado, são chamados por mim de Leviatã, em referência à figura metafórica do filósofo contratualista Hobbes.

2. O DESAFIO DO GERENCIALISMO

Ao escutar o triste canto do Sabiá brasiliense em uma manhã iluminada de junho de 1998, um paradoxo se manifestava em sentimentos de frio nas mãos e calor no coração. Eu, Barnabé, assumia naquele dia o dever de servir ao Estado e a Sociedade brasileira! Bem, mas até chegar aí, muita água passou debaixo da ponte...

Em 1992, em meio aos protestos contra a corrupção, estava eu entre os manifestantes chamados de "caras pintadas", qualificação dada devido às tintas nos rostos em forma de faixas de verde amarelo como maneira de ressaltar o nosso patriotismo e o sentimento de revolta contra a corrupção governamental. Para mim tudo aquilo era novidade, inclusive o início do meu antagonismo com o Chefe de Estado, figura que em minha mente o próprio Leviatã, devido ao seu governo ser o pivô do escândalo dos "anões do orçamento".

Tal antagonismo, expresso entre a cruz e a espada, ou melhor, entre o Estado e a Sociedade, me moveu para bem longe daquela época. O *impeachment* do Collor, com o principal pano de fundo provindo dos desvios de recursos de emendas a partir de arranjos entre os poderes executivo e legislativo, me instigou ao estudo do orçamento público. Em seguida, a tão desejada e alcançada estabilidade da moeda com o "plano real", em 1994, foi mais um grande motivador para atuar no campo orçamentário.

Imagine só, não ter que correr para os supermercados para comprar tudo de consumo para a sua casa de um mês, conseguir planejar as viagens da família, não ter que enfrentar filas para comprar pontas de estoques, não ter mais aquela loucura de adquirir dólares no mercado "paralelo" para garantir o poder de compra, isso representava uma enorme mudança para a minha geração. Mas isso tinha um preço, ou melhor, "juro", e não era barato.

Nesse contexto, o ingresso na carreira orçamentária do governo federal para poder ajudar nesse processo foi apenas uma questão de tempo em minha mente. Então, após o ingresso, passei por quatro longos meses de lavagem cerebral em uma escola de governo em que se punha como desafio a competição com vistas a obter ganhos de eficiência, sob o pano de fundo de uma reforma gerencial, com mais de 20 anos de atraso comparado a países como a Inglaterra. Após tal estágio, o meu sentimento era que praticamente nada sabia como cooperar com algo em um ambiente tão competitivo.

Embora toda a empolgação natural para o início de uma nova etapa da vida, eu me sentia um grão de areia em uma praia com mar totalmente aberto. Pense, aos 22 anos, achando que podia mudar o mundo e, de repente, descobre que o mundo era uma grande gaiola de ferro. Mesmo que aplicasse tudo o que eu sabia, pouco colaboraria. Para alívio, então, um colega de trabalho racional logo me avisa que só em dois anos entenderia algo, que conforto!

Outro ponto de demonstração clara da prisão que vivemos em uma burocracia estatal foi quando, ainda no primeiro mês de trabalho, outro colega mais erado me enunciou o ditado "manda quem pode, obedece quem tem juízo". Impressionante, poucos meses depois, meus arquivos gravados em uma unidade de armazenamento de rede foram deletados. Estava assim claro para mim o recado. De onde veio a ordem, pouco me importava...

Incômodo maior foi com a forma de como a cobrança por eficiência acontecia. O simples fazer mais com menos é inquestionável. Mas a presença de equipamentos ultrapassados, decisões superiores tardias e alto grau de burocracia para disponibilizar recursos prioritários, travava tudo. Quem era amigo do chefe, tinha recursos tecnológicos disponíveis, então era mais "competitivo" e isso não tem nada de modelo gerencial.

Porém, nada disso se compara com a agonia de quando reencontrei, em 1999, com o Leviatã! Agora, com outra roupagem, o Chefe de Estado estava sob suspeita no âmbito do escândalo do "grampo do BNDES", quando grampos ilegais levantaram dúvidas sobre a licitude do leilão da Telebrás a época. Salvo devido as provas terem sido coletadas de forma ilegal, a corrupção balançou o Estado novamente. Triste para a Sociedade, péssimo para as minhas convicções...

Mas nem tudo nesse latifúndio foi tragédia. Após longos e exaustivos trabalhos com o objetivo de reformar gerencialmente as bases do processo orçamentário, em 2000, o Brasil tem um novo marco de gestão fiscal e nova formatação programática. Eu tenho o prazer de ter sido testemunha ocular desse movimento, que resultou em maior responsabilização, transparência e gestão por resultados nas finanças públicas.

A responsabilização transfere o ônus das falhas das decisões públicas para o gestor que as tomam. Isso é, por exemplo, ponto nevrálgico na Lei de Responsabilidade Fiscal (LRF), de 2000, que inclusive fundamenta, posteriormente, o debate referente ao processo de *impeachment* de 2015. Outrossim, o Decreto n. 2829, de 1998, trouxe a figura de gerente, ator responsável por acompanhar os resultados dos programas de governo.

A transparência já era fundamentada, de alguma maneira, com a definição dos classificadores orçamentários. A publicização dos atos também já existia como garantia do acesso público aos atos orçamentários. O novo passa a ser o acesso aos dados de execução de forma clara e tempestiva, por força também da LRF. Assim, a premissa, digo, a regra é a transparência. Neste contexto, o segredo é a exceção. Futuramente, a Lei de Acesso à Informação, em 2011, vai expandir essa regra para os outros processos do serviço público.

A introdução de novos instrumentos de contratualização permitiu ao serviço público viabilizar seus serviços com maior flexibilidade, com foco na gestão por resultados, buscando obter também ganhos de economicidade. Tais instrumentos foram inspirados em experiências internacionais, como na Nova Zelândia, e promoveram a implementação de agências reguladoras e a descentralização de serviços para organizações não governamentais, em uma evidente aproximação, mesmo que de forma ainda embrionária, com a Sociedade. Nos próximos anos, o fortalecimento da relação entre Estado e Sociedade passa a ser premente.

Diante desses avanços pontuais, eu aprendi a ser resiliente... Em que pese alguns momentos eu pensei que o retrocesso era certo, ao ver que algumas premissas do gerencialismo não respondiam como prometido, tive a percepção de que uma guerra se vence por batalhas, onde algumas se perdem. Mas saber aproveitar as vitórias como estratégia é fundamental.

Foi em dezembro de 2000, quando Robert e Janet Denhardt publicaram o artigo "O novo serviço público: servir ao invés de dirigir"[2], que me senti vitorioso. A conclusão deles é que o Estado deve considerar a participação da Sociedade nas decisões de governo, fortalecendo o discurso e o interesse público, de forma que os valores democráticos sejam as bases de um novo serviço público, chamado de Governança. A chama da esperança estava acessa!

3. O ENCONTRO COM A GOVERNANÇA

Era janeiro de 2003, e eu, Barnabé, me encontrava novamente em meio aos paradoxos. De um lado a euforia para os preparativos do meu casamento. Do outro, as dúvidas do que viria pela frente com a recém assunção de um novo chefe de Estado com perfil que se dizia naquele momento paz e amor, mas na verdade tinha um histórico de grande radicalismo sindical. Nessa época, eu assumia um cargo comissionado importante em um Ministério e minha esposa era demitida de seu emprego. Momentos de muita alegria e apreensão.

Eu, aos 27 anos e com cinco anos de experiência no serviço público, já um pouco calejado, não era mais aquele ser que queria mudar o mundo, tinha uma boa percepção do que estava ao meu redor e do que me moldava. Tinha noção de que em um gabinete em

Brasília não se podia ter a percepção plena de um povo, de uma nação, de um território. A minha função pontual era contribuir para o funcionamento do Estado. No entanto, ainda me inquietava de como contribuir efetivamente para com a Sociedade. Vivi dia após dia. Na agonia de um humilde, limitado em recursos e na racionalidade, mas com muita vontade de fazer acontecer!

Grandes mudanças, com a institucionalização de novos paradigmas. Em breve, a minha esposa passou em um concurso público para uma grande empresa estatal. E eu ali começava uma nova era, onde o discurso do Leviatã parecia soar como música para os pobres e aos que defendem o serviço público. A criação de diversos conselhos de políticas públicas com participação social. O combate à fome e à pobreza extrema. A busca pela transparência estaria em sua máxima evidência sob o pano de fundo de combate à corrupção. Será que seria realmente o encontro entre o Estado e a Sociedade? Veremos....

Em poucos meses, já confiante de minhas atribuições burocráticas relacionadas com o orçamento público no meu novo trabalho, recebi um telefonema. Em cinco minutos, estava eu no gabinete, com o Ministro e sua vice. No caminho, as minhas memórias eram pelos dizeres paternos de que o bom técnico é o que não se mistura com o político. Mas como não se misturar, político é o chefe. E, também, a representação do Estado para com a Sociedade. Enfim, não sabia eu que ao entrar naquele gabinete teria uma experiência que levaria comigo para o resto da minha vida, um encontro de no máximo dois minutos com uma única pergunta: "garoto, como os antecessores faziam corrupção neste ministério?" A minha resposta de supetão foi: "não tenho ideia, pois não estava aqui antes". E seguida, a despedida unilateral do chefe foi: "obrigado meu garoto, ficamos por aqui".

Dias que se sucederam, presenciei um colega extremamente coerente, inclusive hoje meu amigo, que trabalhava com contratos administrativos pedir para sair do ministério. Em seguida, a vice-ministra, quem me convidou a trabalhar naquele local, é demitida. Desde então não tenho certeza se tal pergunta era no sentido de entender o processo de corrupção para coibi-lo ou de buscar a apropriação de tal faculdade de obter financiamento ilícito. Bem, a partir dali a minha missão era apenas de findar a coordenação da elaboração do orçamento do ano subsequente.

Foram momentos de angústia. Dois meses que pareceram dois anos. Participei de reuniões que se questionavam o motivo da minha atuação como fiel guardião para o cumprimento dos limites financeiros do ministério, fato que não arredei um milímetro de minha responsabilidade, sabido das consequências no tocante a LRF. Ali tive noção clara que o meu tempo estava realmente terminando naquele local, pois descumpri, na certeza de ter feito o certo, o conhecido mantra do serviço público "manda quem pode, obedece quem tem juízo".

Assim, como uma anunciação, em 2005, explode um dos maiores escândalos brasileiros envolvendo integrantes do partido do chefe de Estado, dos quais o tesoureiro da sua eleição, além do Ministro-Chefe da

Casa Civil. Tal escândalo partiu de denúncias envolvendo compra de votos de parlamentares denominados e foi batizado de "mensalão". Me deparei, ali, com um Leviatã revigorado que utiliza ilicitamente o seu próprio poder de Estado para sobrepor o poder representante da Sociedade.

Assim, o que este Leviatã dava com uma mão, ele tirava com a outra. A corrupção ainda permaneceu em evidência no Brasil, atingindo em cheio, novamente, o centro do governo. Em 2006, o Ministro que cuida das finanças públicas sai após denúncias sobre recebimento de propinas quando era Prefeito.

Infelizmente, a aproximação do Estado com empreiteiras expõe ainda mais uma face perversa da corrupção governamental, que resultou posteriormente, inclusive, na 1º prisão, literalmente, de um Leviatã no Brasil. Os gastos públicos, grande parte em obras executadas pelas empreiteiras, explodiram motivados – principalmente – pela suposta atuação anticíclica do governo à crise internacional de 2008.

Durante esse período, tive a oportunidade de trabalhar em duas agências reguladoras, onde a gestão por resultados me deixou impressionado. Era um novo mundo para mim, com proximidade com a Sociedade, quando presenciei realizações de audiências, bem como de consultas públicas, que envolviam entregas de serviços para a Sociedade. Vi, com os meus "próprios olhos", a ocorrência de reuniões de agentes públicos transmitidas em tempo real pela mídia. Isso tudo, me despertou uma sede para cooperar com a promoção do aumento da transparência e participação social.

Em busca de tranquilidade, devido ao iminente nascimento do meu primeiro filho em 2007, decidi voltar ao local de início da minha carreira profissional, a Secretaria de Orçamento Federal, ou melhor, a minha casa. Era outro tempo. Havia um ambiente próspero de ideias e acontecimentos. Tive a oportunidade de desenvolver a minha dissertação de mestrado na teoria e na prática. Instrumentos de emancipação da Sociedade no processo orçamentário foram implementados. A liderança internacional do Brasil foi uma realidade. Estávamos presentes em fóruns do Banco

Interamericano de Desenvolvimento, da Iniciativa Global para a Transparência Fiscal e da Parceria para Abertura do Governo.

Nesse momento ímpar, fui ao encontro da Governança. Vi, respirei e abracei as ações que promoviam a emancipação da Sociedade, em especial, no âmbito do processo orçamentário. Implementação de ações para a promoção da transparência e participação social no processo orçamentário foram reconhecidas por consequentes melhorias do Brasil no *ranking* de países no Indicador de Orçamento Aberto produzido pela Parceria Internacional para o Orçamento. Ser resiliente definitivamente não é fácil, mas vale a pena quando se tem um propósito embasado em sólidos pilares. E, um desses esteios, foi a obra de Osborne, em 2006, chamada de "A nova governança pública?"[3], que ratifica a nova era na administração pública, que privilegia a cooperação de seus *stakeholders*. Eu me senti mais seguro ainda do caminho que estava trilhando!

4. EM BUSCA DA BOA GOVERNANÇA

A pele estriada, o peso das costas, as dores nas juntas e as diversas crises agudas repentinas de doenças antes não sofridas são um anúncio para que eu, Barnabé, entendesse a chegada da maturidade. O ano de 2011 foi um tempo de transição muito interessante para minha vida pessoal. A chegada do meu segundo filho iria selar a minha percepção.

A mesma luz que me aqueceu pelas manhãs é a mesma que renova o cerrado de vida após as chuvas da primavera. Eu estava no controle da minha vida. Me guio em uma consciência plena. Mais acertos, menos erros. Assim, se mudar o mundo não é possível, alterar a minha atitude em busca de melhorias é plenamente factível e desejável.

A partir desse momento, tive a oportunidade de realizar diversas viagens internacionais, não só apenas debater e apresentar os resultados do trabalho de doutoramento, mas também de expor as minhas ideias e achados acadêmicos. Por vezes estive nas organizações internacionais – como os Bancos: Mundial e o de Desenvolvimento Interamericano e o Fundo Monetário internacional – que nunca imaginara poder contribuir com os resultados dos meus trabalhos, quiçá passaria na minha mente entrar em seus prédios na capital dos Estados Unidos.

Fruto do esforço brasileiro, as Nações Unidas adotaram – em 2012 – Resolução que encoraja os seus países membros a promover ações de transparência, participação e *accountability*, além de premiar a iniciativa do Fórum Interconselhos – em 2014.

O mundo já estava sob uma nova ordem cujo espírito advém da Governança. E no Brasil isso não era diferente, mesmo com a mudança de Chefe de Estado, a continuação da forma de governo era a expectativa para continuarmos avançando nesse sentido. Por exemplo, a publicação da Lei de Acesso à Informação (LAI), em 2011, era um triunfo. A cooperação era a palavra da vez e isso soa até hoje como música.

Novos termos entram em moda para dar suporte às entregas de produtos e serviços públicos. *Cowork*, *codesign* e *coparticipation* são alguns exemplos dessa institucionalização de processos nunca vistos com tanto vigor. Sinal disso é o crescimento virtuoso de uma empresa de transporte por meio de "caronas remuneradas" que utiliza o conceito de cooperação como base de suas operações, se tornando em menos de uma década uma das maiores do mundo nesse setor, sendo praticamente formada por frota de veículos provinda de parceiros.

Infelizmente, logo em 2011, tomou o primeiro balde de água fria, após os anúncios de diversas trocas ministeriais devido às suspeitas de envolvimento de malfeitos pelos seus titulares. No ano seguinte, escutei no rádio sobre a prisão da cúpula do partido da chefe de estado, devido aos crimes provindos do escândalo do "mensalão". Por fim, a instauração da operação "lava jato", em 2014, desencadeou uma sequência de fatos que abalaram profundamente a República.

Naquele momento, tive a clara percepção que embora ocorrera da troca de chefe de Estado, mas na prática o Leviatã anterior continuava no comando. O desgoverno tomava conta do Estado. O consequente descontrole das contas públicas geraram atos questionáveis que levaram à possibilidade de responsabilização da Chefe de Estado.

Nesse difícil momento, o estopim para a abertura de um processo de *impeachment* veio de um conjunto de fatores que levaram a uma "tempestade perfeita". Movimentos populares motivados pela chamada primavera árabe, iniciada na Tunísia e que se espalhou por diversos países a expressão por melhores resultados governamentais, como a redução da corrupção. A maior transparência permitiu acesso aos dados sobre as decisões orçamentárias, evidenciando as denominadas "pedaladas fiscais", em especial devido a maquiagem de resultados do Tesouro Nacional. O avanço das investigações da "lava jato" gerou insatisfações de parlamentares com a Chefe de Estado. Tudo isso, acendeu o estopim para a concretude do *impeachment* da Dilma Rousseff.

Após diversas panelas serem amassadas (panelaços) em 2016, o vice assume a função de Chefe de Estado. Eu estava afastado das minhas atividades laborais para plena e exclusiva realização das minhas pesquisas científicas sobre Governança. Embora muito ocupado nesse momento, a minha mente não parava de pensar de como seria esse novo Governo. E não era por menos, na sequência uma gravação entre o vice, novo Chefe de Estado, com um dono de frigorífico revelou um esquema de corrupção que abalou novamente a República.

Naquele momento, embora certo de que os avanços em Governança que já estavam consolidados, tinha uma dúvida que me instigava: quando os resultados da Governança se tornariam efetivos? Por exemplo, quando ocorreria a melhoria da percepção da corrupção no Brasil?

Em 2017, após um convite de um amigo, retornei às atividades laborais. Agora em nova área de um Ministério criada para implementar o setor de Governança para projetos de recursos relacionados com cooperação internacional. Opa, lembre, cooperação é premissa para uma boa Governança. Com a confiança adquirida pela maturidade profissional e o discernimento acadêmico, foi uma experiência repleta de incertezas pelo complexo tema e diminuta estrutura organizacional disponível. Mas os resultados vieram e o reconhecimento também. Em breve estava atuando como adjunto do Vice-Ministro. Notei que a Governança deixou de ser uma proposta teórica para se tornar uma realidade prática e viável sob diversas perspectivas.

Não tem resiliência sem reconhecimento. Mesmo que interna, sentir recompensado é fundamental para insistir com o certo. Em 2017, um trabalho científico produzido durante o meu doutoramento sobre governança foi premiando no Encontro Nacional de Administração. Tal fato, diante da minha referida dúvida que me instava e, me incomodava, me move no sentido de continuar uma jornada de busca por mais luz.

Enfim, em 2019, a publicação da obra – de Acemoglu e Robinson – "O corredor estreito: Estados, Sociedades e o destino da liberdade"[4], que apresenta o Leviatã sob as perspectivas dos poderes do Estado e da Sociedade. Isso me completou, deixando-me com a expectativa de obter uma explicação válida sobre como os resultados de Governança se tornam efetivos.

5. PERSPECTIVAS SOBRE A GOVERNANÇA

Resiliência. Essa sem dúvida alguma é a palavra que me move ao longo desses últimos vinte anos. Retroceder não é a opção. Algumas batalhas podem até serem em vão. Mas a Vitória deve vir com o tempo e ao fim. Assim, aprendi observando os avanços sobre a Governança. Mesmo embora não podendo mudar o mundo sozinho, vejo que é no conjunto de pequenas iniciativas realizadas por várias pessoas no setor público de maneira colaborativa que levam aos resultados maiores de Governança alcançados até o presente momento. Para tanto, ferramentas de tecnologia são fundamentais!

Foi nesse espírito que avanços em Governança ocorreram no Brasil. Com iniciativas de liderança nos Ministérios e junto ao centro de Governo. Com estratégias buscando a integração entre os planos ministeriais e de Governo. Com controle focado no social e na transparência com vistas a promover o *accountability* dos governantes para com os governados. No entanto, colocar esse modelo em prática ainda permanece como um desafio.

Com as instituições consolidadas, a possibilidade de retrocesso é questionável. Mas não se pode titubear! Ventos autoritários e corruptos provindo do Leviatã estão sempre batendo na porta da nossa jovem democracia, ameaçando, por exemplo, os recentes ganhos com participação social. E, as instituições democráticas são as bases para a ainda necessária efetivação plena da Governança.

Eu encontrei evidências que demonstram que desenvolvimento social vem por meio de melhoria de resultados de Governança, disponíveis na minha tese "destrancando a porta do governo"[5]. Então, a Governança é um caminho válido e oportuno para a redução da pobreza e, consequentemente, das desigualdades sociais brasileiras. E o estímulo ao surgimento de *stakeholders* colaborativos deve ser a melhor maneira de alcançar ganhos no desenvolvimento social.

Para tanto, continuar a contribuir com a implementação de ações de Governança é fundamental. Tanto quanto, é persistir em buscar novas evidências sobre o tema, quais sejam: Por que não obtemos melhorias de percepção da corrupção, mesmo com a melhoria da transparência e participação social? Como o Leviatã reage ao longo do tempo tendo como base variáveis democráticas? Qual a moderação que a transparência tem junto com a percepção da corrupção em países com ou sem democracia? Essas são apenas algumas questões que ainda me instigam...

REFERÊNCIAS

1. HARARI, Yuval N. **Sapiens: A brief history of humankind**. Random House, 2014.

2. DENHARDT, Robert B.; DENHARDT, Janet Vinzant. The new public service: Serving rather than steering. **Public administration review**, v. 60, n. 6, p. 549-559, 2000.

3. OSBORNE, Stephen P. The new public governance? **Public management review**. v. 8, n. 3, p. 377-87, 2006.

4. ACEMOGLU, Daron; ROBINSON, James A. **The narrow corridor: States, societies, and the fate of liberty**. Penguin Press, 2019.

5. ABREU, Welles M. **Unlocking the government door to society: how does open budgeting relate to social development?** Universidade de Brasília, 2017.

FRASES SOBRE O AUTOR

"Com visão estratégia e conceitos claros de Governança, elaborou normativos e os principais instrumentos legais que deram transparência e facultaram o accountability dos projetos internacionais"

Romeu Mendes do Carmo,
Ex-Secretário Executivo do Ministério do Meio Ambiente

"A sua atuação sempre procurou agregar valor nas ações dos órgãos onde trabalhou, sempre com o foco voltado para a melhoria do gasto e os seus resultados voltados para a Sociedade"

Eliomar Wesley Ayres da Fonseca Rios,
Ex-Secretário-Adjunto da Secretaria de Orçamento Federal

SOBRE O AUTOR:

Welles Matias de Abreu

Servidor Público Federal concursado e nomeado no cargo de Analista de Planejamento e Orçamento da Secretaria de Orçamento Federal (desde 1998). Doutor (2017) e Mestre (2011) em Administração pela Universidade de Brasília, especialista em Gestão Pública (2009) pela Escola Nacional de Administração Pública e em Planejamento, Orçamento e Gestão Pública (2002) pela Fundação Getúlio Vargas, graduado em Engenharia Agronômica (1999) pela Universidade de Brasília e em Administração (1997) pelo Centro Universitário do Distrito Federal.

Tem experiência profissional focada na área de orçamento público, planejamento governamental, gestão estratégica, modernização organizacional, gestão de pessoas, desenvolvimento institucional, combate à corrupção e lavagem de dinheiro, gestão de sistemas de informação, transparência fiscal, gestão de recursos externos, engajamento da sociedade civil, e auditoria com foco em gestão de riscos.

Já atuou como Coordenador-Geral/Gerente/Assessor de Planejamento, Orçamento, Finanças e Contabilidade em Ministérios relacionados com políticas públicas de Previdência Social, Assistência Social, Trabalho, Meio Ambiente, Energia Elétrica e Orçamento Federal, bem como Diretor de Recursos Externos no âmbito de Cooperações Internacionais em Meio Ambiente (mais de 80 projetos supervisionados), Coordenador de Planejamento e Acompanhamento de Auditoria da Agência Nacional de Águas.

CV Lattes: http://lattes.cnpq.br/4517474555485897

Observação: As Imagens neste Livro devem ser creditadas ao Autor.

*"A Governança é um caminho válido
e oportuno para a redução da pobreza
e, consequentemente, das
desigualdades sociais brasileiras"*

Welles Matias de Abreu

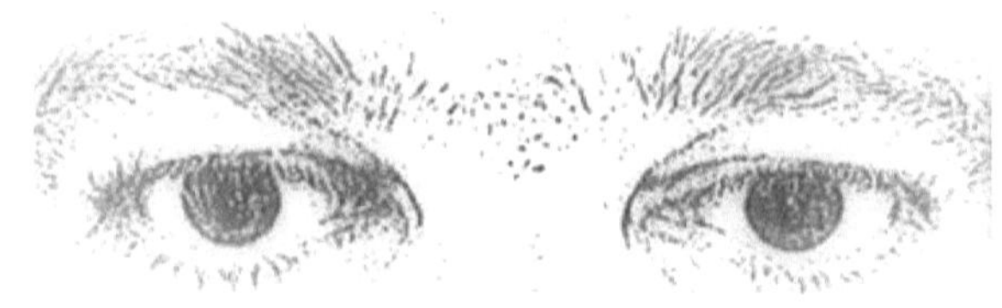

UM OLHAR DE BARNABÉ
PARA COM A GOVERNANÇA